ҭЯᴁⴖᴢLᴁҭᴆ

Translated Language Learning

Dornröschen

Sleeping Beauty
Charles Perrault

Deutsch / English

Copyright © 2023 Tranzlaty
Cover by Ambrose Dudley
All rights reserved
Published by Tranzlaty
ISBN: 978-1-83566-140-6
Original text by Charles Perrault
La Belle au bois dormant
First published in French in 1679
Taken from The Blue Fairy Book (1889)
Translated by Andrew Lang
www.tranzlaty.com

Dornröschen
Sleeping Beauty

Es waren einmal ein König und eine Königin
Once upon a time there lived a king and queen
Der König und die Königin waren betrübt
The king and the queen were grieved
Sie waren mehr betrübt, als Worte ausdrücken können
they were more grieved than words can tell
weil sie keine Kinder hatten
because they had no children
Sie probierten die Gewässer aller Länder aus
They tried the waters of every country
Sie legten Gelübde ab und pilgerten
they made vows and pilgrimages
Und sie taten alles, was getan werden konnte
and they did everything that could be done
Aber alles, was sie taten, hatte nichts zu bewirken
but all that they did had no result
Endlich aber erfüllte sich der Wunsch der Königin
At last, however, the queen's wishes were fulfilled
Und zu gegebener Zeit gebar sie eine Tochter
and in due course she gave birth to a daughter
Für die Prinzessin fand eine große Taufe statt
A grand christening was held for the princess
Und alle Feen wurden eingeladen, Patinnen zu sein
and all the fairies were invited to be godmothers
damit jeder von ihnen ihr ein Geschenk bringen konnte
so that each one of them could bring her a gift
und sie könnte jede erdenkliche Vollkommenheit erlangen
and she might get every imaginable perfection
das war damals Brauch bei Feen
this was the custom with Fairies in those days
Es waren insgesamt sieben Feen

There were seven fairies, all in all
oder zumindest gab es sieben Feen, die sie finden konnten
or at least, there were seven Fairies they could find
Aber das gefiel dem König und der Königin wieder
But this again pleased the King and Queen
Denn Sieben ist eine Glückszahl
because seven is a lucky number
und Feen wurden schon knapper
and Fairies were already growing scarce

Als die Taufzeremonie vorbei war
When the christening ceremony was over
alle kehrten in den Palast des Königs zurück
everyone returned to the King's palace
Zu Ehren der Feen wurde ein großes Bankett abgehalten
A great banquet was held in honor of the fairies
Ihre Tische waren prachtvoll gedeckt
Their tables were laid in magnificent style
und vor jeder Fee stand eine goldene Schatulle
and before each Fairy was a gold casket
Jedes Fass enthielt einen Löffel, eine Gabel und ein Messer
each casked contained a spoon, fork, and knife
und jedes Fass war aus feinem Gold gefertigt
and each casked was made of fine gold
und sie waren mit Diamanten und Rubinen besetzt
and they were set with diamonds and rubies
Alle waren im Begriff, sich an den Tisch zu setzen
all were about to sit down to the table
Und man sah eine alte Fee eintreten
and an aged fairy was seen to enter
Niemand hatte daran gedacht, diese Fee einzuladen
no one had thought to invite this fairy
Seit mehr als fünfzig Jahren hatte sie ihren Turm nicht verlassen
for more than fifty years she had not left her tower

Die Leute dachten, sie sei schon tot
people thought she had already died
oder sie dachten, sie sei verhext worden
or they thought she had been bewitched
Dies ist die häufigste Art und Weise, wie Feen endeten
This is the commonest way that Fairies ended
Sie schließen sich in einem Turm ein
they lock themselves up in a tower
oder sie gehen in eine hohle Eiche
or they go within a hollow oak
Und dann sieht man sie nie wieder
and then they are never seen again
Ihr Kinn und ihre Nase berührten sich fast
Her chin and her nose almost touched
Ihr Gesicht sah aus wie ein alter Nussknacker
her face looked like an old nut-crackers
weil sie nur noch sehr wenige Zähne hatte
because she had very few teeth remaining
aber zwischen den Zähnen knurrte sie
but between her teeth she growled
"Ich bin die Fee Ugly-Anne"
"I am the Fairy Ugly-Anne"
»Wo sind die Manieren Eures Königs?«
"Where are your King's manners?"
»Bin ich nicht eingeladen worden?«
"Have I not been invited?"
Sie klagte die Manieren des Königs an
she accused the king's manners
aber der Kind war in der Tat der höflichste aller Menschen
but the Kind was in fact the politest of men
Der König befahl, ihr Essen zu bereiten
The King ordered food to be made for her
Und auch sie bekam einen Platz am Tisch
and she was also given a seat at the table
aber es war unmöglich, ihr ein goldenes Kästchen zu geben

but it was impossible to give her a golden casket
denn es waren nur sieben gemacht worden
because only seven had been made
Das alte Geschöpf glaubte, sie sei gekränkt
The old creature believed she was slighted
und murmelte Drohungen zwischen den Zähnen
and muttered threats between her teeth
Sie wurde von einer der jungen Feen belauscht
She was overheard by one of the young fairies
Die junge Fee witterte Ärger
The young fairy could sense some trouble
Ein schelmisches Geschenk könnte der Prinzessin gemacht werden
a mischievous gift might be bestowed upon the princess
Und sobald die Gesellschaft den Tisch verließ, versteckte sie sich hinter den Vorhängen
And as soon as the company left the table she hid behind the curtains
Ihre Absicht war es, die Letzte zu sein, die das Wort ergriff
Her intention was to be the last to speak
Die alte Fee könnte etwas Böses tun
the old fairy might do some evil
Und vielleicht kann sie dem bösen Zauber entgegenwirken
and she might be able to counteract the evil spell

Die Feen fingen an, ihre Geschenke zu verteilen
The fairies began to bestow their gifts
Die jüngste Fee hat sie zur Schönsten bestimmt
The youngest fairy ordained her to be the most beautiful
Die nächste Fee segnete sie mit dem Temperament eines Engels
the next fairy blessed her with an angel's temper
der dritte erwies der Prinzessin eine wunderbare Gnade
the third bestowed wonderful grace upon the princess
Der vierte gab ihr die Gabe des perfekten Tanzes

the fourth gave her the gift of perfect dance
Die fünfte Fee gab ihr die Stimme einer Nachtigall
the fifth fairy gave her the voice of a nightingale
Und die sechste Fee schenkte der Prinzessin Musikalität
and the sixth fairy gifted the princess musicality
Nun war die greise Fee an der Reihe
It was now the turn of the aged fairy
Sie schüttelte den Kopf als Zeichen des Trotzes
She shook her head in a token of spite
Anstatt ihre Wendung zu bestätigen, erklärte sie, die Prinzessin werde ihr in die Hand stechen
rather than to confirm her turn, she declared the princess was to prick her hand
"Eine Spindel wird ihr in die Hand stechen"
"a spindle will prick her hand"
"Und an diesem Stich wird sie sterben"
"and from this prick she will die"
Ein Schauder lief durch die Menge
A shudder ran through the crowd
Alle Augen füllten sich mit Tränen
All eyes were filled with tears
Doch dann trat die junge Fee hinter dem Wandteppich hervor
But then the young fairy stepped forward from behind the tapestry
»Tröstet euch, Eure Majestäten!« rief sie
"Take comfort, your Majesties" she cried
"Deine Tochter soll nicht sterben"
"Your daughter shall not die"
"Meine Kraft reicht nicht aus"
"My power is not enough"
"Meine Macht wird nicht alles rückgängig machen, was meine alte Verwandte verfügt"
"my power won't undo all my aged kinswoman has decreed"
"Die Prinzessin wird sich in der Tat in die Hand stechen"
"The princess will indeed prick her hand"

"**Es ist wahr, dass eine Spindel ihre Hand stechen wird**"
"it is true that a spindle shall prick her hand"
"**Aber sie wird nicht daran sterben**"
"but she will not die from this"
"**Stattdessen soll sie nur tief einschlafen**"
"instead she shall merely fall deeply asleep"
"**Ein Schlummer, der hundert Jahre dauern wird**"
"a slumber that will last a hundred years"
"**Am Ende dieser Zeit wird ein Königssohn kommen, um sie zu erwecken**"
"At the end of that time a king's son shall come to awaken her"

Um dem Fluch der alten Fee zu entgehen
In an attempt to avoid the old Fairy's curse
Der König verbot die Verwendung aller Spindeln
the king forbade the use of all spindles
Die Strafe für den Gebrauch einer Spindel war der Tod
the punishment for using a spindle was to be death
Es verwirrte und betrübte alle Frauen
It gravely puzzled and distressed all the women
Sie waren berühmt für die Qualität ihrer Wäsche
they were famous for the quality of their linen
Und sie waren stolz auf ihre Arbeit
and they were proud of themselves in their work
"**Aber was für ein Leinen können wir spinnen?**" **fragten sie**
"But what sort of linen can we spin?" they asked
"**Welche Wäsche können wir ohne Spindeln spinnen?**"
"what linen can we spin without the use of spindles?"
Sie hegten jedoch eine große Zuneigung zu ihrem Monarchen
However, they had a great affection for their monarch
und sechzehn Jahre lang schwiegen alle Spinnräder
and for sixteen years all the spinning-wheels were silent
Die kleine Prinzessin wuchs auf, ohne je ein Spinnrad gesehen zu haben
The little Princess grew up without ever having seen a spinning-wheel

Nach etwa sechzehn Jahren waren der König und die Königin eines Tages weg
After around sixteen years, the king and queen were away one day
Die Prinzessin lief im Schloß herum
The princess was running around in the castle
Sie ging die Treppe hinauf, von Zimmer zu Zimmer
she went upstairs from room to room
Und schließlich kam sie auf die Spitze eines Turmes
and finally she came to the top of a tower
Hier oben auf dem Turm saß eine alte Dienerin allein
Here in the top of the tower an old serving woman sat alone
Sie war gerade dabei, Seide zu spinnen
She happened to be spinning silk
Diese gute Frau hatte das Gesetz des Königs nie gehört
This good woman had never heard the king's law
und sie spinnte ganz unschuldig Seide
and she was spinning silk quite innocently
»Was machst du, meine gute Frau?« fragte die Prinzessin
"What are you doing, my good woman?" asked the princess
»Ich spinne Seide, mein hübsches Kind,« antwortete die Dame
"I am spinning silk, my pretty child" replied the dame
Und sie wußte nicht, wer die Prinzessin war
and she didn't know who the princess was
"Oh, was für ein Spaß!" antwortete die Prinzessin
"Oh, what fun!" replied the princess
"Wie machst du das?"
"How do you do it?"
"Lass mich versuchen, ob ich es auch schaffe"
"Let me try and see if I can do it too"
Zum Teil, weil sie zu voreilig war
Partly because she was too hasty
sondern auch, weil die alte Fee es so angeordnet hatte
but also because the Old fairy had ordained it

Sie griff nach der Spindel und stach sich in die Hand
she grabbed the spindle and pricked her hand

Die gute Frau schrie um Hilfe
The good woman cried out for help
Die Leute kamen aus allen Zimmern gerannt
People came running from every room
Sie schütteten ihr Wasser ins Gesicht
They threw water on her face
Sie schnürten ihr enges Kleid auf
they unlaced her tight dress
Sie schlugen ihr auf die Hände und kitzelten sie an den Füßen
they slapped her hands and tickled her feet
sie verbrannten ihr Federn unter der Nase
they burned feathers under her nose
aber sie wollte nicht aus dem Schlaf erwachen
but she would not wake from her sleep
Und irgendjemand musste dem König erzählen, was geschehen war
and someone had to tell the king what had happened
Der König erinnerte sich an die Prophezeiung der Fee
The king remembered the Fairy's prophecy
Er wusste, dass es unvermeidlich war
He knew that it was inevitable
denn die Fee hatte es so angeordnet
because the fairy had decreed it
Er befahl, die Prinzessin in ihr Bett zu legen
He ordered the princess to be placed in her bed
Und man hätte sie für einen Engel halten können
and you would have thought she was an angel
Die Trance hatte ihr die schöne Farbe nicht genommen
The trance had not taken away her lovely color
Ihre Wangen waren zart gerötet
Her cheeks were delicately flushed

Ihre Lippen waren wie Korallen
her lips were like coral
Ihre Augen waren in der Tat geschlossen
Her eyes indeed were closed
aber man hörte ihr leises Atmen
but her gentle breathing could be heard
Man konnte sehen, dass sie nicht tot war
you could see she was not dead
Der König befahl, sie bis zur Stunde ihres Erwachens schlafen zu lassen
The king commanded she should be left to sleep until the hour of her awakening

Als der Unfall mit der Prinzessin passierte
When the accident happened to the princess
die gute Fee, die ihr das Leben gerettet hatte, indem sie sie zu hundert Jahren Schlaf verdammt hatte
the good fairy who had saved her life by condemning her to sleep a hundred years
die gute Fee war im Reich von Mataquin
the good fairy was in the kingdom of Mataquin
Das war zwölftausend Meilen entfernt
this was twelve thousand leagues away
Ein kleiner Zwerg erzählte es ihr jedoch sofort
She was instantly told by a little dwarf, however
ein kleiner Zwerg, der Siebenmeilenstiefel hatte
a little dwarf who had seven-league boots
Stiefel, die sieben Ligen in einem Schritt zurücklegen könnten
boots that could take seven leagues in a step
Und die Fee machte sich sogleich auf den Weg
and the fairy set off at once
Ihr Feuerwagen wurde von Drachen gezogen
Her chariot of fire was drawn by dragons
Und in einer Stunde näherte sie sich dem Schlosse

and within an hour she was approaching the castle
Der König half ihr vom Wagen herunter
The king helped her down from her chariot
Und sie billigte alles, was er getan hatte
and she approved of all that he had done
Da sie mit großer Weitsicht begabt war, wusste sie, was zu tun war
Being gifted with great powers of foresight she knew what had to be done
Sie wußte, wenn die Prinzessin kam, um geweckt zu werden, würde sie betrübt sein, ganz allein zu sein
she knew when the princess came to be awakened she will be distressed to be all alone
Und das ist es, was sie tat;
And this is what she did;
Sie berührte alle mit ihrem Zauberstab, außer dem König und der Königin
She touched everybody with her wand except the king and queen
Gouvernanten, Trauzeuginnen, Hofdamen, Herren,
governesses, maids of honor, ladies-in-waiting, gentlemen,
Offiziere, Stewards, Köche, Skulls, Laufburschen
officers, stewards, cooks, scullions, errand boys
Wachen, Träger, Pagen und Lakaien.
guards, porters, pages and footmen.
Sie berührte alle Pferde in den Ställen
She touched all the horses in the stables
Und sie berührte die Stallknechte des Pferdes
and she touched the horse's grooms
Sie berührte die großen Doggen im Hof
she touched the big mastiffs in the courtyard
und sie berührte den kleinen Puff, der auf dem Bett der Prinzessin lag
and she touched little Puff who was laying on the Princess' bed
Der kleine Puff war der Haushund der Prinzessin

Little Puff was the Princess' pet dog
In dem Moment, in dem sie sie berührte, schliefen sie ein
The moment she touched them they fell asleep
und sie würden erst erwachen, wenn die Prinzessin erwachte
and they would only awaken when the Princess awoke
Auf diese Weise würden sie immer bereit sein, ihr zu dienen
this way they would always be ready to serve her
Sie würden da sein, wann immer sie es brauchen sollte
they would be there whenever she should require it
Das Feuer selbst schlief ein
The very fire itself fell asleep
Und alles war in einem Augenblick erledigt
and all was done in a moment
Feen brauchen nicht lange, um ihre Arbeit zu tun
fairies do not take long to do their work
Da küssten der König und die Königin ihr Kind
Then the king and queen kissed their child
Sie küssten sie, ohne sie zu wecken
they kissed her without waking her
Und dann verließen sie das Schloß
and then they left the castle
Es wurden Proklamationen erlassen:
proclamations were issued:
Es war verboten, sich der Burg zu nähern
it was forbidden to approach the castle
Aber diese Warnungen waren nicht nötig
but these warnings were not needed
Rund um das Schloss wuchsen Bäume
trees grew up all around the castle
Verschlungene Brombeersträucher und Dornen bildeten eine natürliche Barriere
interlacing brambles and thorns formed a natural barrier
Und so konnten weder Mensch noch Tier in die Burg eindringen
and so neither man nor beast could enter into the castle

Nur die Spitzen der Türme waren zu sehen
Only the tops of the towers could be seen
und sie waren nur aus der Ferne zu sehen
and they could only be seen from a distance
Und so hat Feenzauber ihr Ziel erreicht
And so Fairy's magic achieved its goal
Die Prinzessin hatte während der ganzen Zeit ihres Schlummers nichts zu fürchten
the princess had nothing to fear during all the time of her slumber

Nach hundert Jahren war der Thron verschwunden
After a hundred years the throne had passed
Eine andere Familie war nun die Monarchin
another family were now the monarchs
Eines Tages jagte der Königssohn in der Nähe des Waldes des Schlosses der Prinzessin
One day the king's son was hunting nearby the forrest of the Princess' castle
Und in der Ferne sah er einige Türme
and in the distance he saw some towers
inmitten des großen und dichten Waldes
in the midst of the large and dense forest
Er fragte, was das für Türme seien
he asked what the towers were
Seine Diener erzählten ihm verschiedene Geschichten
His attendants told him various stories
Einige waren Geschichten, die sie gehört hatten
some were stories which they had heard
und einige waren Geschichten, die sie sich ausgedacht hatten
and some were stories which they had imagined
Einige sagten, es gäbe ein altes Schloss, das von Geistern heimgesucht wird
Some said there was an old castle haunted by ghosts
Andere sagten, dass alle Hexen dort ihre Zusammenkünfte

abhielten
others said all the witches held their meetings there
Die meisten sagten, dass ein Oger in der Burg lebte
Most said an ogre lived in the castle
Und der Oger trug die Kinder fort
and the ogre carried children away
Und der Oger verschlang sie nach Belieben
and the ogre devoured them at his leisure
Und nur der Oger konnte durch den Wald kommen
and only the ogre could get through the woods
Niemand war also in der Lage gewesen, ihn zu verfolgen
so nobody had been able to pursue him
Der Prinz überlegte immer noch, was er glauben sollte
the prince was still wondering what to believe
Da fing ein alter Bauer an, eine Geschichte zu erzählen
then an old peasant started telling a story
»Eure Hoheit«, sagte er
"Your Highness" he said
"Vor mehr als fünfzig Jahren hörte ich meinen Vater von diesem Schloss erzählen"
"more than fifty years ago I heard my father tell of this castle"
"In diesem Schloss liegt eine Prinzessin"
"in this castle lies a princess"
"die schönste Prinzessin, die es je gegeben hat"
"the most beautiful Princess there has ever been"
"Sie ist dazu verdammt, dort hundert Jahre zu schlafen"
"She is doomed to sleep there for a hundred years"
"Und dann wird sie von einem Königssohn erweckt werden"
"and then she will be awakened by a king's son"
"Und sie wartet auf sein Kommen"
"and she is waiting for his coming"
Diese Geschichte befeuerte den jungen Prinzen
This story fired the young prince
Er zog sofort eine Schlussfolgerung
He jumped immediately to one conclusion

Er sollte derjenige sein, der sich auf dieses Abenteuer einlässt
he should be the one to go on this adventure
Getrieben von Liebe und Ruhm, beschloss er auf der Stelle zum Schloss zu gehen
driven by love and glory, he decided then and there go to the castle
Kaum hatte er einen Schritt auf den Wald zugetan, als sich Brombeersträucher und Dornen trennten
He had hardly taken a step towards the wood when the brambles and the thorns separated
Dem Prinzen wurde ein Weg zum Schloss gebahnt
a path to the castle was made for the prince
Er wandte sich in Richtung des Schlosses
He turned in the direction of the castle
Und er sah das Schloß am Ende einer langen Allee
and he saw the castle at the end of a long avenue
Er betrat diese Allee, aber er war überrascht
This avenue he entered, but he was surprised
Die Bäume hinter ihm schlossen sich wieder, sobald er vorbeigegangen war
the trees behind him closed up again as soon as he had passed
Keiner seiner Mitarbeiter war in der Lage, ihm zu folgen
none of his staff were able to follow him
Ein junger Prinz ist jedoch immer mutig
A young prince is always brave, however
Also setzte er seinen Weg durch die Bäume fort
so he continued on his way through the trees
Und alsbald erreichte er einen großen Vorplatz
and presently he reached a large forecourt
Der Anblick des Hofes erfüllte ihn mit eisiger Angst
The sight of the courtyard filled him with an icy fear
Die Stille des Ortes war entsetzlich
The silence of the place was dreadful
Das Gefühl des Todes schien ihn zu umgeben
the sense of death seemed to surround him

Die Menschen und Tiere schienen alle leblos zu sein, bis er etwas bemerkte;
The men and animals had all seemed lifeless, until he perceived something;
die pickeligen Nasen und rötlichen Gesichter der Träger
the pimply noses and ruddy faces of the porters
Sie schliefen nur!
they were merely sleeping!
Es war deutlich zu sehen, dass sie nur schlafen konnten
It was plain to see that they could only be asleep
Es waren noch ein paar Tropfen Wein in ihren Gläsern
there were still some drops of wine in their glasses
Sie waren beim Trinken eingeschlafen
they had fallen asleep while drinking
Der Prinz trat in einen großen Hof
The prince made his way into a great courtyard
Und er stieg die Treppe hinauf und betrat die Wachstube
and he mounted the staircase and he entered the guardroom
Hier waren die Wachen auf beiden Seiten aufgereiht
Here the guards were lined up on both side
ihre Musketen lagen auf ihren Schultern
their muskets were on their shoulders
Und sie schnarchten so laut sie konnten
and they were snoring as loud as they could
Er ging durch mehrere Wohnungen
He went through several apartments
Jeder Raum war überfüllt mit Damen und Herren
each room was crowded with ladies and gentlemen
Einige Damen saßen, einige Herren standen
some ladies were seated, some gentlemen were standing
aber alle Damen und Herren schliefen
but all the ladies and gentlemen were asleep
Er schob sich weiter durch die Burg
he pushed on further through the castle
Und so kam er endlich in eine Kammer

and so he finally came to a chamber
eine Kammer, die mit Gold geschmückt war
a chamber which was decked with gold
Es bot sich der schönste Anblick, den er je gesehen hatte
There was the most beautiful sight he had ever seen
eine junge Prinzessin, die auf einem Bett liegt
a young princess reclining upon a bed
eine junge Prinzessin, deren strahlende Schönheit einen fast überirdischen Glanz hatte
a young princess whose radiant beauty had an almost unearthly luster
Zitternd vor Bewunderung näherte er sich ihr
Trembling with admiration he came near her
Und er kniete neben ihr nieder
and he went on his knees beside her
Im selben Augenblick war die Stunde der Ernüchterung gekommen
At the same moment, the hour of disenchantment had come
Die Prinzessin erwachte und warf ihm einen zärtlichen Blick zu
the princess awoke, and she bestowed upon him a tender look
Ein zärtlicher Blick, als es der erste Blick rechtfertigen könnte
a look more tender than a first glance might warrant
»Bist du es, lieber Prinz?« fragte sie
"Is it you, dear prince?" she said
"Du hast lange auf dich warten lassen!"
"You have been long in coming!"
Der Prinz war von diesen Worten sehr entzückt
the prince was very charmed by these words
und er war besonders entzückt von der Art ihrer Worte
and he was especially charmed by the manner of her words
Er wußte kaum, wie er seine Freude ausdrücken sollte
he scarcely knew how to express his delight
Er erklärte, er liebe sie mehr als sich selbst
He declared he loved her more than he loved himself

Seine Worte stockten, aber sie freute sich besonders über seinen Versuch
His words were faltering, but she was especially pleased by his attempt
Je weniger Beredsamkeit, desto mehr Liebe vorhanden ist
The less there is of eloquence, the more there is of love
Ihre Verlegenheit war geringer als seine
Her embarrassment was less than his
Aber das ist nicht verwunderlich
but that is not surprising
Sie hatte Zeit gehabt, darüber nachzudenken, was sie sagen würde
she had had time to think of what she would say
Es scheint, als hätte die gute Fee ihr angenehme Träume erlaubt
It seems the good fairy allowed her pleasant dreams
obwohl dies in der Geschichte nicht erwähnt wird
although this isn't mentioned in the story
Und selbst nach vier Stunden Gespräch hatten sie nur die Hälfte von dem gesagt, was sie sagen wollten
and even after four hours of talking they had only said half of what they wanted to

Nun war der ganze Palast erwacht
Now the whole palace had awakened
Jeder ging seinen Geschäften nach
Everyone went about their business
Und da sie nicht alle verliebt waren, fingen sie an, sehr hungrig zu werden
and since they were not all in love they began to feel very hungry
Die Hofdame litt wie die anderen
The lady-in-waiting was suffering like the rest
Und irgendwann verlor sie auch die Geduld
and eventually she lost patience too

Und mit lauter Stimme rief sie nach der Prinzessin
and in a loud voice she called out to the princess
"Das Abendessen wird serviert"
"supper is being served"
Die Prinzessin war bereits fertig angezogen
The princess was already fully dressed
Und sie war in prächtigstem Stil
and she was in most magnificent style
Als er ihr beim Aufstehen half, sah sie aus wie seine Großmutter
As he helped her to rise, she looked dressed like his grandmother
aber der Prinz unterließ es, es ihr zu sagen
but the prince refrained from telling her
Und es machte sie nicht weniger schön
and it didn't make her less beautiful
Sie gingen in eine Wohnung voller Spiegel
They passed into an apartment full of mirrors
Und dort wurde ihnen das Abendessen serviert, während die Geigen alte Musik spielten
and there they were served with supper while the violins played some old music
Die Violinen spielten es bemerkenswert gut
The violins played it remarkably well
obwohl er seit hundert Jahren nicht mehr gespielt wurde
despite not having been played for a hundred years
Wenig später, als das Abendessen vorüber war, heiratete der Kaplan sie
A little later, when supper was over, the chaplain married them
Und zu gegebener Zeit kehrten sie zur Ruhe zurück
and in due course, they went back to rest
Sie schliefen, aber wenig
They slept, but little, however
Die Prinzessin brauchte nicht viel Schlaf
The princess didn't have much need of sleep

Und sobald der Morgen kam, ging der Prinz wieder fort
and as soon as morning came the prince left again
Er kehrte in die Stadt zurück
He returned to the city
Und er erzählte seinem Vater, dass er sich verlaufen hatte
and he told his father that he had gotten lost
Sein Vater hatte mit einiger Unruhe gewartet
His father had been waiting with some anxiety
aber er sagte, er habe Schwarzbrot besorgt
but he said he had obtained some black bread
und hatte auch Käse von einem Bauern bekommen
and had also gotten some cheese from a farmer
Und er sagte, er habe die Nacht bei dem Bauern verbracht
and he said that he spent the night with the farmer
Sein königlicher Vater war ein gelassenes Wesen
His royal father was of an easygoing nature
Und er glaubte das Märchen
and he believed the tale
Aber seine Mutter ließ sich nicht so leicht hinters Licht führen
but his mother was not so easily hoodwinked
Sie bemerkte, dass er jetzt jeden Tag auf die Jagd ging
She noticed he now went hunting every day
Und sie bemerkte, dass er immer eine Ausrede hatte
and she noticed he always had an excuse
vor allem, wenn er zwei oder drei Nächte geschlafen hatte
especially when he had slept two or three nights away
Sie war sich sicher, dass er eine Liebesaffäre hatte
She felt certain he had some love affair

Zwei ganze Jahre sind seit der Heirat vergangen
Two whole years passed since the marriage
In dieser Zeit bekamen sie zwei Kinder
and during that time they had two children
Die erste war eine Tochter, die nach der Morgendämmerung

benannt wurde
The first was a daughter named after the dawn
Der zweite war ein Junge, der nach dem Tag benannt wurde
the second was a boy named after the day
weil er noch schöner schien als seine Schwester
because he seemed even more beautiful than his sister
Die Königin sagte ihrem Sohn oft, er solle sich niederlassen
The queen often told her son he ought to settle down
Aber das tat sie nur, um ihn auszutricksen
But she only did this to trick him
Sie wollte ihn dazu bringen, sich ihr anzuvertrauen
she wanted to make him confide in her
aber er wagte nicht, ihr sein Geheimnis anzuvertrauen
but he did not dare to trust her with his secret
Obwohl er seine Mutter liebte, hatte er Angst vor ihr
Even though he loved his mother, he was afraid of her
weil sie aus einer Rasse von Ogern stammte
because she came from a race of ogres
Und der König hatte sie nur wegen ihres Reichtums geheiratet
and the king had only married her for her wealth
Es wurde geflüstert, dass sie ogrische Instinkte habe
It was whispered that she had ogrish instincts
Wenn kleine Kinder in ihrer Nähe waren, hatte sie die größte Mühe, sich nicht auf sie zu stürzen
when little children were near her she had the greatest difficulty not to pounce on them
Kein Wunder, dass der Prinz nur ungern ein Wort sagte
No wonder the prince was reluctant to say a word
Aber nach zwei Jahren starb der König
But at the end of two years the king died
Und der Prinz fand sich auf dem Thron wieder
and the prince found himself on the throne
Dann gab er seine Heirat öffentlich bekannt
He then made public announcement of his marriage

Und er ging hin, um seine Frau aus ihrem Schloß zu holen
and he went to fetch his wife from her castle
Mit ihren beiden Kindern an ihrer Seite hatte sie einen triumphalen Einzug
With her two children beside her, she made a triumphant entry
in das Schloß des Reiches ihres Mannes
into the castle of her husband's realm

Einige Zeit später erklärte der König den Krieg
Some time afterwards the king declared war
er wird gegen den Kaiser Cantalabutte kämpfen
he will fight the Emperor Cantalabutte
Da er abwesend sein würde, ernannte er die Königinmutter zur Regentin
Since he was going to be absent, he appointed the queen mother as regent
Und er vertraute seine Frau der Obhut seiner Mutter an
and he entrusted his wife to his mother's care
Und er vertraute auch seine Kinder ihrer Obhut an
and he also entrusted his children to her care
Er rechnete damit, den ganzen Sommer über im Krieg zu sein
He expected to be away at war all summer
Und sobald er fort war, schickte die Königinmutter die Familie aufs Land
and as soon as he was gone the queen mother sent the family to the country
Sie ließ sie in einer Villa im Wald leben
she made them live in a mansion in the forest
Auf diese Weise konnte sie ihre schrecklichen Sehnsüchte befriedigen
This way she could gratify her horrible longings
Oder zumindest würde es ihr leichter fallen, das Böse zu tun
or at least she would find it easier to do the evil thing
Ein paar Tage später ging sie dorthin
A few days later she went there

Und am Abend rief sie den Obersteward zu sich
and in the evening she summoned the chief steward
"Für mein Abendessen morgen", sagte sie zu ihm, "werde ich kleine Morgendämmerung essen."
"For my dinner tomorrow" she told him, "I will eat little dawn"
»Oh, gnädige Frau!« rief der Verwalter
"Oh, Madam!" exclaimed the steward
"Das ist mein Wille!" sagte die Königin
"That is my will" said the queen
Und sie sprach im Ton eines Ogers
and she spoke in the tones of an ogre
Ein Oger, der sich nach rohem Fleisch sehnt
an ogre who longs for raw meat
"Du servierst sie mit pikanter Soße"
"You will serve her with piquant sauce"
Der arme Mann sah, daß er nicht mit einem Bösewicht streiten konnte,
The poor man saw he couldn't argue with an ogress,
Er nahm sein großes Messer und ging hinauf in die Kammer der kleinen Morgenröte
he took his big knife and he went up to little Dawn's chamber
Sie war damals vier Jahre alt
She was four years old at the time
Und als sie herbeigeeilt kam, um ihn zu begrüßen, brach er in Tränen aus
and when she came running to greet him he burst into tears
Und er ließ das Messer aus der Hand fallen
and he let the knife fall from his hand
Er ging hinunter in den Hof hinter dem Haus
He went down to the yard behind the house
Und er schlachtete ein junges Lamm.
and he slaughtered a young lamb.
Aus dem Lamm machte er eine köstliche Soße
From the lamb he made a delicious sauce
Die Oma dachte nur, sie würde die kleine Morgenröte fressen

Und er ging hin, um seine Frau aus ihrem Schloß zu holen
and he went to fetch his wife from her castle
Mit ihren beiden Kindern an ihrer Seite hatte sie einen triumphalen Einzug
With her two children beside her, she made a triumphant entry
in das Schloß des Reiches ihres Mannes
into the castle of her husband's realm

Einige Zeit später erklärte der König den Krieg
Some time afterwards the king declared war
er wird gegen den Kaiser Cantalabutte kämpfen
he will fight the Emperor Cantalabutte
Da er abwesend sein würde, ernannte er die Königinmutter zur Regentin
Since he was going to be absent, he appointed the queen mother as regent
Und er vertraute seine Frau der Obhut seiner Mutter an
and he entrusted his wife to his mother's care
Und er vertraute auch seine Kinder ihrer Obhut an
and he also entrusted his children to her care
Er rechnete damit, den ganzen Sommer über im Krieg zu sein
He expected to be away at war all summer
Und sobald er fort war, schickte die Königinmutter die Familie aufs Land
and as soon as he was gone the queen mother sent the family to the country
Sie ließ sie in einer Villa im Wald leben
she made them live in a mansion in the forest
Auf diese Weise konnte sie ihre schrecklichen Sehnsüchte befriedigen
This way she could gratify her horrible longings
Oder zumindest würde es ihr leichter fallen, das Böse zu tun
or at least she would find it easier to do the evil thing
Ein paar Tage später ging sie dorthin
A few days later she went there

Und am Abend rief sie den Obersteward zu sich
and in the evening she summoned the chief steward
"Für mein Abendessen morgen", sagte sie zu ihm, "werde ich kleine Morgendämmerung essen."
"For my dinner tomorrow" she told him, "I will eat little dawn"
»Oh, gnädige Frau!« rief der Verwalter
"Oh, Madam!" exclaimed the steward
"Das ist mein Wille!" sagte die Königin
"That is my will" said the queen
Und sie sprach im Ton eines Ogers
and she spoke in the tones of an ogre
Ein Oger, der sich nach rohem Fleisch sehnt
an ogre who longs for raw meat
"Du servierst sie mit pikanter Soße"
"You will serve her with piquant sauce"
Der arme Mann sah, daß er nicht mit einem Bösewicht streiten konnte,
The poor man saw he couldn't argue with an ogress,
Er nahm sein großes Messer und ging hinauf in die Kammer der kleinen Morgenröte
he took his big knife and he went up to little Dawn's chamber
Sie war damals vier Jahre alt
She was four years old at the time
Und als sie herbeigeeilt kam, um ihn zu begrüßen, brach er in Tränen aus
and when she came running to greet him he burst into tears
Und er ließ das Messer aus der Hand fallen
and he let the knife fall from his hand
Er ging hinunter in den Hof hinter dem Haus
He went down to the yard behind the house
Und er schlachtete ein junges Lamm.
and he slaughtered a young lamb.
Aus dem Lamm machte er eine köstliche Soße
From the lamb he made a delicious sauce
Die Oma dachte nur, sie würde die kleine Morgenröte fressen

the ogress only thought she was eating little dawn
aber sie erklärte, es sei das Beste, was sie je gehabt habe
but she declared it was the best she ever had
Zu gleicher Zeit trug der Verwalter seiner Frau wenig Morgengrauen
At the same time the steward carried little dawn to his wife
Und er bat sie, sie im Quartier zu verstecken
and he asked her to hide her in the quarters

Acht Tage später rief die böse Königin ihren Verwalter wieder zu sich
Eight days later the wicked queen summoned her steward again
"Zum Abendbrot", kündigte sie an, "werde ich einen kleinen Tag essen"
"For my supper" she announced "I will eat little day"
Der Verwalter gab keine Antwort
The steward made no answer
Er war fest entschlossen, sie wieder auszutricksen
he was determined to trick her again
Er machte sich auf die Suche nach einem kleinen Tag
He went in search of little day
Er fand ihn mit einem winzigen Schwert in der Hand
he found him with a tiny sword in his hand
Und er spielte mit einem Affen
and he was playing with a monkey
Er trug ihn zu seiner Frau
He carried him off to his wife
und seine Frau verstaute ihn
and his wife stowed him away
Statt des Kindes servierte er der Ogerin ein junges Reh
He served a young deer to the ogress, instead of the child
Und die Ogin fand es noch köstlicher
and the ogress found it even more delicious

Bisher war alles gut ausgegangen
So far everything had ended well
Aber die böse Königin war noch nicht fertig
But the evil queen was not done
sie hatte noch mehr bösen Hunger
she still had more evil hunger
"Ich möchte die Königin essen", sagte sie
"I would like to eat the queen" she said
"mit der gleichen Soße wie ihre Kinder"
"with the same sauce as her children"
Diesmal verzweifelte der arme Verwalter
This time the poor steward despaired
Es gab keine Möglichkeit, sie noch einmal auszutricksen
there was no way to trick her again
Die junge Königin war zwanzig Jahre alt
The young queen was twenty years old
und die hundert Jahre, die sie geschlafen hatte
and the hundred years she had been asleep
Ihre Haut war ein wenig zäh geworden
Her skin had become a little tough
obwohl ihre Haut glatt und schön war
although her skin was smooth and beautiful
Welches Tier könnte er wohl finden?
what animal could he possibly find?
Welches Tier würde ihr entsprechen?
What animal would correspond to her?
Er wusste, dass er die Königin töten musste, wenn er sein eigenes Leben retten wollte
He knew he had to kill the queen if he wanted to save his own life
Also ging er die Treppe hinauf in ihre Wohnung
So he went upstairs to her apartment
Er war entschlossen, die Tat zu vollbringen
he was determined to do the deed
Er geriet in Rage und zog sein Messer

He brought himself into a rage and he drew his knife
Er trat in das Gemach der jungen Königin
he entered the young queen's chamber
Aber er musste ihr Respekt zollen
but he had to show her some respect
Und er wiederholte den schrecklichen Befehl
and he repeated the terrible command
der Befehl, den er von der Königinmutter hatte
the command which he had from the queen mother
"Tu es! Tu es!« rief sie, indem sie ihm ihren Hals entblößte
"Do it! do it!" she cried, while baring her neck to him
"Führe den Befehl aus, der dir gegeben wurde!"
"carry out the order you have been given!"
"Dann werde ich meine Kinder wiedersehen"
"Then once more I shall see my children"
"Meine armen Kinder, die ich so sehr geliebt habe!"
"my poor children that I loved so much!"
Sie erfuhr nicht, wann die Kinder gestohlen wurden
She wasn't told when the children were stolen
Und sie glaubte, sie seien tot
and she believed them to be dead
Der arme Verwalter wurde von Mitleid überwältigt
The poor steward was overcome by compassion
»Nein, nein, Madame«, erklärte er
"No, no, Madam" he declared
"Du sollst nicht sterben"
"You shall not die"
"Aber du wirst deine Kinder sicher wiedersehen"
"but you shall certainly see your children again"
"Sie sind in meinem Quartier, wo ich sie versteckt habe"
"They are in my quarters, where I have hidden them"
"Ich werde die Königin dazu bringen, ein junges Kalb an deiner Stelle zu essen"
"I shall make the queen eat a young calf in place of you"
"Und auf diese Weise könnten wir sie noch einmal

austricksen"
"and this way we might trick her once more"
Ohne weitere Umschweife führte er sie in sein Quartier
Without more ado he led her to his quarters
Und er ließ sie dort zurück, um ihre Kinder zu umarmen
and he left her there to embrace her children
Er kochte ein Kalb
He proceeded to cook a calf
Das war sein bisher bestes Gericht
This was his best dish yet
Und wieder merkte die Königinmutter es nicht
and again the queen mother didn't realize
Und sie aß es, als wäre es wirklich die Prinzessin
and she ate it as if it really were the princess
Die Königinmutter war zufrieden
The queen mother felt satisfied
auch wenn ihre Taten grausam waren
even though her deeds were cruel
Sie hatte sich schon eine Erklärung ausgedacht;
She had already thought of an explanation;
"Wilde Wölfe hatten seine Familie gefressen"
"wild wolves had devoured his family"

Es war ihre Gewohnheit, im Schloß umherzustreifen
It was her habit to prowl around the castle
Vielleicht findet sie mehr rohes Fleisch
she might find more raw meat
Und eines Abends hörte sie den kleinen Jungen
and one evening she heard the little boy
Er weinte in einem Keller
he was crying in a basement cellar
weil seine Mutter gedroht hatte, ihn auszupeitschen
because his mother had threatened to whip him
weil er unartig gewesen war
because he had been naughty

Und sie hörte die Stimme der kleinen Morgenröte
and she heard the voice of little dawn
Sie bat ihren Bruder um Verzeihung
she was begging forgiveness for her brother
Die Oma erkannte die Stimmen der Königin
The ogress recognized the voices of the queen
Und sie erkannte das Geräusch der Kinder
and she recognized the sound of the children
Sie war wütend, als sie feststellte, dass sie betrogen worden war
She was enraged to find she had been tricked
Am nächsten Morgen ließ sie einen riesigen Bottich bringen
The next morning, she ordered a huge vat to be brought
Und sie ließ den Bottich in den Hof stellen
and she had the vat placed in the courtyard
Alle waren zu verängstigt, um zu disobay
all were to frightened to disobay
weil sie sehr wütend war
because she was very angry
Sie füllte den Bottich mit Nattern und Kröten
She filled the vat with vipers and toads
Und sie füllte ihn mit Schlangen und Schlangen aller Art
and she filled it with snakes and serpents of every kind
Sie wollte die Königin samt ihren Kindern hineinwerfen,
She intended to cast the queen into it, along with her children,
Und sie wollte den Verwalter und seine Frau in den Bottich werfen
and she wanted to throw the steward and his wife into the vat
Alle, die sie ausgetrickst hatten, würden von den Bestien verschlungen werden
all who had tricked her would be devoured by the beasts
Auf ihren Befehl wurden diese vorgerückt
By her command these were brought forward
Ihnen waren die Hände auf den Rücken gefesselt worden
they had had their hands tied behind their backs

Und ihre Schergen machten sich bereit, sie in den Bottich zu werfen
and her minions were getting ready to cast them into the vat
Da ritt der König in den Hof!
then the king rode into the courtyard!
Niemand hatte damit gerechnet, dass er so schnell
Nobody had expected him so soon
aber er war in Eile gereist
but he had traveled in a hurry
Voller Erstaunen verlangte er zu wissen, was das Schauspiel zu bedeuten habe
Filled with amazement, he demanded to know what the spectacle meant
Niemand wagte es, ihm zu sagen, was geschehen würde
None dared tell him what was about to happen
Die Gräfin war wütend über das, was ihr begegnete
The ogress was enraged at what confronted her
Und die Gräfin warf sich in den Bottich
and the ogress threw herself into the vat
Und sie wurde in einem Augenblick von den abscheulichen Kreaturen verschlungen
and she was devoured in an instant by the hideous creatures
Der König konnte nicht anders, als Mitleid zu empfinden
The king could not help but feel sorry
Schließlich war sie seine Mutter
after all, she was his mother
Aber es dauerte nicht lange, bis er Trost fand
but it was not long before he found consolation
Er war zurück bei seiner schönen Frau und seinen Kindern
he was back with his beautiful wife and children

Das Ende / The End

www.tranzlaty.com

www.ingramcontent.com/pod-product-compliance
Lightning Source LLC
Chambersburg PA
CBHW012014090526
44590CB00026B/4000